AF456070

LE COLONEL

J.-B. VARELIAUD

DU 9me RÉGIMENT DE HUSSARDS

NOTICE BIOGRAPHIQUE

PAR

A.-C. LACAVE LA PLAGNE BARRIS

ANCIEN LIEUTENANT DE CAVALERIE

« Non recedet memoria ejus »
(Eccli., XXXIX, 13)

AUCH

IMPRIMERIE COCHARAUX FRÈRES

RUE DE LORRAINE

1891

LE COLONEL

J.-B. VARELIAUD

LE COLONEL VARELIAUD.

Hanc Joanneli nobilem effigiem aspice,

Hussarde!

Et ad imitationem heroicæ ejus vitæ,

Perlende.

LE COLONEL

J.-B. VARELIAUD

DU 9me RÉGIMENT DE HUSSARDS

NOTICE BIOGRAPHIQUE

PAR

A.-C. LACAVE LA PLAGNE BARRIS

ANCIEN LIEUTENANT DE VAISSEAU

« Non recedet memoria ejus. »
(Eccli., XXXIX, 13.)

AUCH

IMPRIMERIE COCHARAUX FRÈRES

RUE DE LORRAINE

1891

LE

COLONEL VARELIAUD

On nous a signalé, il y a quelques mois, un article du journal *Le Temps* (mai 1889), intitulé *La vie militaire*, dans lequel l'auteur de l'article parlait du hussard Vareliaud avec une admiration dont l'allure indécise laissait perçer quelques doutes sur l'authenticité du *housard légendaire* du 9me régiment. L'écrivain s'avançait timidement, ne donnant du reste qu'une faible partie de la vie de Vareliaud, avouant même qu'il craignait d'être regardé comme un gascon, c'est-à-dire comme un de nos compatriotes, puisque, nous avons l'heureuse chance d'appartenir à cette nation unique qui vit entre les majestueux monts Pyrénéens et le plus noble des fleuves, la Garonne.

Cet article du journal ne nous a pas satisfait entièrement. Nous connaissions Vareliaud depuis notre enfance, puisqu'il était de notre famille et que dans notre jeune âge nous avions souvent entendu parler de ses prouesses guerrières. Nous nous rappelons même que les actions extraordinaires de ce hussard nous avaient, pendant quelque temps, porté à endosser la pelisse de Berchiny ou d'Esterhazy.

Cet article de journal avait donc réveillé tous nos souvenirs et, comme il faut savoir honorer les braves, surtout lorsqu'ils nous ont quittés, nous avons voulu compléter les renseignements très écourtés publiés sur notre parent.

Nous avons donc recherché avec soin toutes les pièces authentiques, relatives au hussard du 9me régiment. La chose était facile, possédant dans les archives de notre famille de nombreuses correspondances et papiers intimes qui ont pu être compulsés et complétés par des recherches faites au Dépôt du Ministère de la Guerre.

Ce travail nous a été des plus doux : nous chérissons infiniment le dogme de la communion des Saints, et notre ferme conviction est que la mort ne nous sépare pas autant que semblent le croire les indifférents, et nous affirmons que nous avons éprouvé une consolation infinie en suivant pas à pas la vie d'un de ces modestes héros de l'incomparable armée du Grand Capitaine. Il est bon et utile, surtout dans le temps misérable où nous vivons, de faire revivre ces hommes extraordinaires qui ont été des modèles de toutes les vertus guerrières.

On s'étonnera peut-être de nous voir faire intervenir ici la communion des Saints, à propos d'un donneur de coups de sabre : on aurait tort, car les saints et les soldats ont grande affinité. En effet, le soldat est par excellence l'homme du sacrifice et du sacrifice jusqu'à la mort; nous professons pour lui un respect et une admiration mérités, que tout homme de cœur ne doit pas hésiter à accorder à celui qui donne sa vie pour les autres. Le soldat fait abandon entier de lui-même, Dieu lui rend largement ce qui est donné sans arrière-pensée. L'Église a pour l'homme d'épée une tendresse ineffable.

Les morts sont si vite oubliés, et cependant il est si doux de vivre avec eux. Lorsque nous rentrons en nous-même et que nous retrouvons tous ces chers morts que nous avons connus et tous ceux aussi dont la mémoire est arrivée jusqu'à nous, nous repassons dans notre esprit les actions de leur vie et alors nous vivons en communication intime avec eux, attendant sous l'œil de Dieu que le moment de les rejoindre soit arrivé. Notre devoir est de ne pas les abandonner. Aussi dirons-nous à notre hussard : Non, Jeannet, nous ne t'oublions pas et nous désirons que ces lignes trop courtes, consacrées à ta mémoire, servent à perpétuer parmi nous le souvenir de tes actions glorieuses!

Nous écrivons donc cette courte notice biographique afin que la mémoire du colonel Vareliaud ne périsse pas comme tant d'autres. *Non recedet memoria ejus.*

On l'a appelé *un héros* et un des *ancêtres du 9me régiment de hussards* : ces appellations sont très exactes. En lisant les faits d'armes de ce hussard, on est tenté de croire au roman, il n'en est rien. Ce que nous rapportons est extrait de ses états officiels de services, de nombreux certificats authentiques et de la correspondance de sa famille. Ce n'est donc pas une légende, mais bien l'histoire véritable d'un vaillant soldat. Nous souhaitons au 9me hussards de nos jours de compter dans ses rangs des compagnons semblables à celui dont nous esquissons brièvement la vie.

Jean-Baptiste Vareliaud, fils de M. Léonard Vareliaud et de dame M. Lavaud, naquit à Uzerche, province de Limousin, le 10 mai 1771. Il était neveu de notre grand-père le baron Alexis Boyer, premier chirurgien de S. M. l'Empereur Napoléon Ier.

Le jeune Vareliaud fit ses études à Uzerche, et il était sur le point d'aller les compléter à Paris auprès d'un de ses oncles, lorsque la Révolution de 1789 éclatant vint enflammer l'imagination ardente de toute la jeunesse française. Vareliaud, la mémoire remplie des prouesses fabuleuses des héros de l'antiquité et comptant marcher sur leurs traces, n'hésita pas un instant, il résolut d'entrer au service militaire. Il penchait vers l'arme de la cavalerie, mais, à cette époque, les anciens régiments n'acceptaient dans leurs rangs que des hommes d'une taille élevée; Vareliaud, un peu petit pour le service à cheval, se laissa gagner par les conseils d'un ami de sa famille, le capitaine Prouliac, vieil officier du régiment de Bourbon infanterie, et, le 19 mars 1792, il entra comme engagé volontaire dans le 56me régiment d'infanterie, ci-devant Bourbon. Mais il reconnut bien vite que l'arme de l'infanterie ne convenait pas à son caractère vif et audacieux, aussi lorsque, le 2 septembre 1792, on forma les hussards de la Liberté, Vareliaud demanda à faire partie de ce corps et, à la date du 30 novembre 1792, il fut incorporé dans les hussards.

Ce corps des hussards de la Liberté, complété à 800 hommes, fut scindé en deux portions de 400 hommes chacune, qui formèrent les 7me et 9me régiments de hussards. Vareliaud fut affecté à ce dernier régiment.

Le 9me régiment de hussards, attaché au corps de cavalerie de l'armée du Nord, passa en Flandre. Le 15 février 1793, Vareliaud est nommé brigadier. Trois jours après, le 18 février, au combat de Lincelle, il se trouve en éclaireur avec six hussards; il attaque un poste anglais, prend quatre ennemis, tue de sa main l'officier commandant le poste, s'empare de deux médecins ainsi que de l'ambulance. Il continue sa pointe, s'empare de deux canons, et, comme il ramenait ses prisonniers, il aperçoit son chef, le colonel Gaspard, entouré par douze hussards hollandais : il les charge sans hésiter, délivre le colonel et fait cinq autres prisonniers.

Le 30 décembre 1793, à la bataille de Wervich, ayant été envoyé en tirailleur, il rassemble trente hussards, enlève un premier poste et en charge un autre composé de cinquante hommes, prend deux canons et fait vingt-cinq prisonniers ; il est blessé d'un coup de feu à la main gauche.

Le 26 avril 1794, à l'attaque de Courtrai, il est entouré par huit chasseurs anglais, il fond sur eux, en met quatre hors de combat, un coup de feu lui enlève la première phalange du doigt indicateur de la main gauche, mais, ne tenant aucun compte de sa blessure, il charge les quatre autres ennemis, en prend deux et fait fuir les deux autres.

Le 1er juin 1794, à Pelheyheim, il fond seul sur quatre dragons autrichiens du régiment de Latour, en renverse deux, fait deux prisonniers et met en fuite le poste ennemi.

Le 14 septembre 1794, Vareliaud est nommé maréchal des logis.

En 1796, le 9me régiment de hussards quitte l'armée du Nord et est envoyé en Allemagne à l'armée du Rhin. Le 28 juin, Vareliaud est nommé maréchal des logis chef.

Le 24 août, au passage de la Lech, il se jette avec son cheval dans le courant de la rivière qu'il passe à la nage ; il engage le combat avec un détachement de hussards autrichiens du régiment de Ferdinand, en blesse trois et contient l'ennemi jusqu'à l'arrivée de ses hussards ; il est blessé d'un coup de sabre au côté gauche.

Le 2 octobre 1796, à Biberach, à la tête de vingt-quatre hussards, il aperçoit trente hussards autrichiens du régiment de Ferdinand, les charge et les oblige à se rendre. Quelques instants après, il s'empare de trois officiers et fait mettre bas les armes à soixante hommes d'infanterie bavaroise.

Le 23 octobre 1796, il est nommé adjudant sous-officier.

En 1799, le 9me hussards quitte l'Allemagne et passe à l'armée qui opère en Suisse.

Le 22 septembre, il est nommé sous-lieutenant : sept années de service aussi bien remplies méritaient cette récompense. Le régiment pouvait être fier de son nouvel officier.

Quelques jours après, le 25 septembre, au passage de la Limath, à la tête de son peloton, il attaque une troupe de quarante Cosaques, les culbute, prend un canon, et, par une manœuvre hardie, coupe un escadron russe et un canon et l'empêche de pénétrer dans la ville de Zurich. Le régiment passe en Allemagne.

Le 5 mai 1800, au combat de Moeskirch, à la tête de cinquante hussards, il charge un escadron de hulans autrichiens, qui étaient sur le point de s'emparer de deux de nos canons, il sauve l'artillerie, et après un combat sanglant, met les ennemis en fuite, après en avoir mis vingt hors de combat. Dans cette chaude affaire, il perdit neuf hommes et eut son cheval tué sous lui; il reçut deux blessures : l'une au bras gauche et l'autre au côté droit.

Quelques jours après, aux environs d'Augsbourg, il soutient un engagement très vif avec les hussards du régiment de Kaunitz, il les met en fuite et fait prisonnier le sous-officier qui les commandait.

Le 19 juin 1800, à Dillingen, au passage du Danube, étant en reconnaissance avec trente hommes, il prend deux compagnies d'infanterie autrichienne. Il traverse la ville et l'ayant dépassée s'empare de quelques cuirassiers autrichiens ainsi que d'un autre détachement d'infanterie et de deux canons. Dans la même journée, à Hocshtaed, en chargeant à la tête de ses hussards, il prit un officier et quinze cuirassiers. Pendant qu'il ramenait ses prisonniers, il est entouré et attaqué par un gros parti de dragons, il en tue deux de sa main, enlève un cheval et met les autres cavaliers en fuite.

Le 12 décembre 1800, à la bataille de Saltzbourg, se trouvant avec quarante hussards sur la gauche de la division du général Montrichard, il surprend deux compagnies d'infanterie qu'il fait prisonnières. Poussant en avant, il charge avec impétuosité cinquante dragons du régiment de Ferdinand, les met en fuite, passe la Saltza à la nage à leur queue, les rejoint au-delà de la rivière, fait prisonnier leur commandant, le major Brauer, un lieutenant et vingt-sept dragons, après avoir tué ou blessé grièvement tous les autres.

Le 14 décembre, étant en tirailleur près de Saltzbourg, il poursuit un peloton de dragons du régiment de Waldeck, tue d'un coup de sabre le capitaine qui les commandait et fait deux prisonniers. Ayant eu son sabre brisé dans la lutte, il saisit ses pistolets, tue un autre officier, mais, se voyant entouré et sans autres armes, il jette ses pistolets à la tête des ennemis et, éperonnant son cheval, traverse leurs files et parvient à rejoindre les siens. Il revint criblé de coups de sabre, qui heureusement ne firent que des meurtrissures. Le colonel Ducheyron, du 9me hussards, fut tué dans cette affaire.

En 1801, le régiment fut cantonné à Schelestadt. Le corps des officiers et des sous-officiers du régiment demanda qu'il fût accordé un sabre d'honneur au sous-lieutenant Vareliaud. Le colonel Guyot et le conseil d'administration du corps accueillirent favorablement cette démarche, et nous donnons ci-dessous la lettre qui accompagnait l'état détaillé des actions d'éclat de Vareliaud :

Le Conseil d'administration du 9me régiment de hussards au citoyen Ministre de la Guerre.

Le Conseil d'administration certifie les actions d'éclat circonstanciées au présent état et prie le Ministre de la Guerre de solliciter, près le Gouvernement, le sabre d'honneur pour le citoyen Vareliaud, sous-lieutenant, officier distingué sous tous les rapports, ayant fait toutes les campagnes de la Révolution avec une bravoure dont on voit peu d'exemple. Dans toutes les actions où le régiment s'est trouvé, il s'est couvert de gloire. Tels sont les titres que présente le Conseil d'administration en faveur de cet officier, pour qu'il demande le brevet d'honneur en récompense de ses services.

Schelestadt, 15 brumaire an XI.

GUYOT,

(Et autres illisibles)

Les compagnons d'armes de Vareliaud n'étaient pas les seuls à agir en sa faveur. Voici une lettre du docteur Corvisart, écrite à la date du 2 pluviôse an XI :

Corvisart, médecin du Gouvernement, au général Berthier, Ministre de la Guerre.

Citoyen Ministre,

Le Conseil d'administration du 9me hussards a fait parvenir un arrêté en faveur du sous-lieutenant Vareliaud, qu'il juge digne, par toutes les actions d'éclat qu'il a faites, d'obtenir le sabre d'honneur que le Gouvernement accorde aux militaires qui se sont distingués.

Je joins mes faibles sollicitations à celles du corps, parce qu'il est neveu du citoyen Boyer, chirurgien très distingué, mon collègue à l'hôpital de la Charité.

Saluts et respects.

CORVISART.

Les titres de notre sous-lieutenant à une récompense si justement appréciée furent jugés comme ils devaient l'être, et les Consuls firent droit à la demande qui leur avait été transmise par le général Berthier.

BUREAU
DES
ÉTATS-MAJORS.

PARIS, 14 pluviôse an XI.

Le Ministre de la Guerre au commandant du 9me régiment de hussards à Schelestadt.

Je vous adresse, Citoyen, le brevet d'honneur accordé par le premier Consul au citoyen Vareliaud, sous-lieutenant au régiment que vous commandez.

Vous voudrez bien le lui remettre, après en avoir fait lecture à la tête du 9me régiment de hussards, et faire jouir cet officier des prérogatives attachées à ladite récompense par l'arrêté des Consuls du 4 nivôse an VIII.

Je donne des ordres nécessaires pour que le sabre d'honneur décerné au citoyen Vareliaud soit confectionné et lui soit envoyé le plus tôt possible.

Pour le Ministre :

AUNÉ.

Cette glorieuse récompense combla de joie notre sous-lieutenant, qui, à partir de cette époque, se sentit irrésistiblement entraîné vers ce jeune général qui, parvenu à la tête du gouvernement de la France, savait si bien toucher la fibre guerrière de la nation.

En juillet 1804, le 9me hussards, cantonné sur les côtes de Boulogne, assista à la superbe cérémonie de l'inauguration de l'Ordre de la Légion d'honneur, et le sous-lieutenant Vareliaud fut nommé membre chevalier de cet Ordre.

*

Le 28 mars 1805, Vareliaud fut promu au grade de lieutenant.

Le 9ᵐᵉ régiment de hussards, embrigadé avec le 10ᵐᵉ, sous les ordres du général de brigade baron Treilhard, fut attaché au corps de cavalerie légère du général Kellermann. En septembre 1805, cette cavalerie suivit la grande Armée en Autriche.

Le 28 novembre 1805, le 9ᵐᵉ hussards, détaché, occupait la petite ville de Weichau, en Moravie, lorsque les Russes se présentèrent en nombre et investirent la petite ville. Le colonel Guyot fit mettre pied à terre à ses hussards et la défense à coups de carabine fut si vigoureuse que les Russes, dix fois plus nombreux, furent contenus et enfin obligés de battre en retraite devant les bataillons accourus au secours des assiégés.

La division Kellermann donna le jour de la grande bataille d'Austerlitz. Cette cavalerie légère chargea sur le plateau de Praten, en compagnie des cuirassiers et des dragons. On sait que Napoléon employait dans ces grandes charges décisives aussi bien les chasseurs et les hussards que les cuirassiers et les dragons. Vareliaud reçut une blessure légère à l'épaule droite, il s'était refait la main, avait sabré avec vigueur et entrain, n'ayant eu qu'un *accroc à sa veste*. Il fait connaître les pertes de sa division :

BRIGADE DU GÉNÉRAL PICARD.

2ᵐᵉ hussards : 328 cavaliers ; colonel Barbier : 8 tués, 32 blessés.

4me hussards : 280 cavaliers ; colonel Barthe ; 16 tués, 47 blessés.

BRIGADE DU GÉNÉRAL MILHAUD.

16me chasseurs : 320 cavaliers ; colonel Durosnel : 55 blessés.

22me chasseurs : 234 cavaliers ; colonel Latour-Maubourg ; 4 blessés.

5me hussards : 342 cavaliers ; colonel Schwartz : 8 tués, 15 blessés.

BRIGADE TREILHARD.

9me hussards : 227 cavaliers ; colonel Guyot : 22 blessés.

10me hussards : 179 cavaliers ; colonel Beaumont : 1 tué, 8 blessés.

Ces détails ne manquent pas d'intérêt. Nous voyons combien les effectifs des corps de cavalerie étaient réduits par les premiers mois de campagne ; et, en même temps, nous constatons que sur une division d'un effectif de 1,910 hommes, il y a 33 hommes tués et 183 blessés, en tout 216 hommes atteints, ce qui est une proportion assez considérable, et cependant ces soldats savaient se battre.

Le lieutenant Vareliaud, par ses services anciens et sa belle conduite dans cette campagne, avait su attirer sur lui l'attention du colonel Guyot. Ce dernier obtint pour lui la croix d'officier de la Légion d'honneur. Le 9me régiment de hussards resta cantonné en Allemagne après la paix qui suivit la victoire d'Austerlitz.

Lors de la rupture avec la Prusse, les 9me et 10me hussards formèrent une brigade attachée au corps du maréchal Lannes.

Le 10 octobre 1806, près de la petite ville de Saalfeld, le maréchal Lannes, avec la division Suchet et la brigade de hussards, rencontra les Prussiens. Ceux-ci se laissèrent acculer et furent complètement battus. Les hussards fournirent plusieurs charges brillantes, dans l'une desquelles le jeune prince Louis de Prusse fut tué d'un coup de sabre par un maréchal des logis du 10me hussards. A ce propos, Vareliaud écrivait le mois suivant, de Berlin :

Nous avons eu un engagement de cavalerie près de la ville de Salfelt. Dans une charge, un sous-officier du 10me a tué un prince prussien. Je regrette que ce beau coup de sabre n'ait pas été donné par un des nôtres, une autre fois nous serons plus heureux.

Pour Vareliaud, les coups de sabre étaient ce qu'il y avait de plus beau au monde, il en donnait beaucoup, mais aussi il en recevait quelques-uns.

Le 14 octobre, à la bataille d'Iéna, le 9me hussards chargea les colonnes prussiennes en compagnie des cuirassiers d'Hautpoul.

Le 28 octobre, près de Prentzlow, la cavalerie atteignit le corps du prince de Hohenlohe et lui fit mettre bas les armes.

Depuis le 30 septembre 1806, le lieutenant Vareliaud remplissait les fonctions d'officier d'ordonnance auprès du général Guyot, commandant la brigade de hussards.

Pour l'intelligence des correspondances que nous

allons citer, il est utile de savoir que dans sa famille on désignait notre officier de hussards par le nom de *Jeannet*. Voici ce que le baron Boyer écrivait de Berlin, à un frère de notre officier, en date du 17 novembre 1806.

Je n'ai pas vu ton frère Jeannet, notre housard, mais je sais qu'il a su se tirer avantageusement des derniers événements de la guerre. Tout nous porte à croire que l'image de Dieu, qui habite le palais de Berlin, accordera bientôt la paix au roi Prusse.

Napoléon, l'image de Dieu pour son armée, ne songeait guère à la paix.

BERLIN, 23 novembre 1806.

J'ai vu ton frère Jeannet ; il est arrivé à Berlin avant-hier et il en est reparti aujourd'hui, à une heure, pour aller à Francfort-sur-l'Oder. Il se porte bien et ne désire rien tant que de se battre, il serait désespéré que la campagne fût finie, parce que cela l'empêcherait de signaler son ardeur guerrière.

BOYER.

Le 26 décembre 1806, la brigade de hussards prit part au combat de Pulstuck. Mais, aussitôt après, l'affreux hiver de Pologne suspendit les opérations et tous les corps de la Grande Armée prirent leurs cantonnements.

Le baron Boyer ne perdait pas de vue son neveu et pensait à obtenir pour lui de l'avancement. Aussi écrivait-il de Varsovie, le 5 janvier 1807 :

Mon cher ami, j'ai trouvé l'occasion d'apprendre à l'Empereur que j'ai un neveu, lieutenant de housards, qui est officier de la Légion d'honneur et aide-de-camp d'un général de brigade, et ce matin, au sortir du déjeuner de Sa Majesté, j'ai glissé dans la main du Ministre de la Guerre un bout de pétition pour faire nommer notre housard Jeannette, capitaine. Le Ministre m'a promis qu'il prendrait ma demande en grande considération et qu'il la mettrait sous les yeux de l'Empereur.

As-tu reçu la malle de Jeannet? Ta tante (Mme Boyer) a-t-elle placé les 50 louis qu'il lui a envoyés. . . . . .

BOYER.

On voit que notre hussard savait mettre de côté, il commençait à avoir de la prévoyance.

La démarche de son oncle devait venir à l'appui d'une proposition en sa faveur faite par son général, nous donnons la pièce officielle :

1er CORPS DE LA GRANDE ARMÉE.

Mémoire de proposition pour un emploi de capitaine.

Jean-Baptiste Vareliaud, né le 10 mai 1771, à Uzerche, membre du collège électoral du département de la Creuse.

Cet officier a fait toutes les campagnes avec la plus grande distinction : il s'y est toujours fait remarquer par différents traits de bravoure : d'un zèle et d'une activité inqualifiables. Ses diverses actions éclatantes à la guerre, ses blessures lui ont mérité dans le temps un sabre d'honneur.

Je prie Son Altesse le prince de Neufchatel, Ministre de la Guerre, de vouloir bien le proposer à Sa Majesté l'Empereur pour un emploi de capitaine, comme mon premier aide-de-camp, en récompense de ses services.

Le Général de brigade commandant la Cavalerie légère du 1er corps de la Grande Armée.

GUYOT.

Et au bas de ce mémoire :

L'officier pour lequel le général Guyot demande de l'avancement est mon neveu ; je prie Son Altesse le prince de Neufchatel, Ministre de la Guerre, de vouloir bien prendre cette demande en considération.

BOYER,

Premier chirurgien de Sa Majesté l'Empereur et Roi.

Berthier tint parole, et les démarches du général Guyot et du baron Boyer furent suivies d'effet. A la date du 6 janvier 1807, Vareliaud fut promu au grade de capitaine et à l'emploi d'aide-de-camp du général de brigade.

Le 7 février, toute la cavalerie, sous les ordres du prince Murat, marcha contre la cavalerie russe qui s'était rapprochée de nos lignes.

Le lendemain eut lieu la terrible bataille d'Eylau. Notre capitaine n'y était pas, sa brigade était éloignée de ce champ de bataille pour un service de reconnaissance.

VARSOVIE, le 28 février 1807.

Tu as raison de dire, mon cher ami, que les canons du spectacle et ceux qu'on vide chez le petit père Teytaud sont moins dangereux que ceux d'Eylau. Les gens de l'art conviennent qu'on a jamais vu une bataille plus terrible que celle-là ; elle nous a coûté beaucoup de braves gens, parmi lesquels on compte dix-neuf ou vingt généraux tués ou blessés. Ton frère Jeannet n'y était pas, j'en suis bien aise pour lui ; car il aurait bien pu y rester, comme tant d'autres de ses camarades.

BOYER.

A la fin du mois de février, la brigade de cavalerie légère du 4me corps était cantonnée aux environs de Liebstad. L'hiver était rude et la neige glacée couvrait la terre. Dans la matinée du 2 mars 1807, le général Guyot, accompagné de son aide-de-camp et d'un officier du 9me hussards, se promenait devant les cantonnements lorsque Vareliaud aperçut à l'horizon une troupe d'une cinquantaine de cosaques en observation. Se retournant vivement vers l'officier de hussards, Vareliaud lui dit : *Est-ce que nous allons laisser ces Tartares venir insulter nos lignes? Veux-tu venir avec moi leur donner quelques coups de pointe?* Malgré les sages observations du général, nos deux écervelés sautent en selle et les voilà courant à toute bride sur les Russes. Ceux-ci commencèrent par reculer, mais ayant compté les assaillants, ils firent volte-face et fondirent sur nos deux cavaliers; la lutte fut vive, Vareliaud en blessa trois ou quatre, mais, son cheval s'étant abattu sur la neige, il fut entouré et percé de plusieurs coups de lance; il allait être massacré, lorsque le général Guyot, qui ne l'avait pas perdu de vue, accourut avec un détachement de hussards et dégagea les deux imprudents. Notre pauvre capitaine, hissé sur son cheval, fut ramené à la ville de Liebstad, dans un fort piteux état. Voici comment une lettre de M. Boyer avisait le frère du hussard de son accident :

VARSOVIE, le 19 mars 1807.

La santé des militaires est bien fragile à l'armée, mon cher ami ; ton frère a été blessé dans une affaire d'avant-postes. J'eus connaissance de son accident quelques jours après ce petit combat ; mais j'appris seulement qu'un aide-de-camp du général Guyot avait été blessé, sans savoir précisément si c'était notre capitaine. Bientôt un officier d'ordonnance, qui revenait des avant-postes et qui avait vu le général Guyot, m'assura que c'était mon neveu qui avait été blessé et me donna les détails suivants ; dans une charge contre les Cosaques, Jeannet, après en avoir blessé cinq ou six et avoir mis les autres en fuite, continua à les poursuivre ; son cheval s'abattit ; alors les Cosaques fondirent sur lui comme un essaim d'abeilles, ainsi qu'ils ont coutume de faire, et le blessèrent de trois ou quatre coups de pique ; ils l'auraient probablement tué, si le général Guyot, qui s'en aperçut, ne fût accouru à son secours avec plusieurs hussards pour le délivrer ; on le monta sur son cheval et on le conduisit à Liebstad. Le même officier me dit que le chirurgien principal du 4me corps, qui soignait Jeannet, craignait que la moëlle de l'épine n'eût été intéressée, mais comme le blessé a pu se tenir à cheval après son accident, je crois que cette crainte n'est pas fondée. J'attendais toujours que ce pauvre capitaine me donnât de ses nouvelles, mais voyant que je n'en recevais point, j'ai pris le parti d'écrire au chirurgien principal du 4me corps d'armée, qui ne m'a pas répondu encore. J'ignore donc si Jeannet est mort ou s'il vit encore, et dans ce dernier cas quel est son état. Je ne tarderai pas à avoir des nouvelles positives par la voie du chirurgien du 4me corps d'armée et aussitôt que je les aurai, je t'en ferai part.

. . . .
. . . .

Jeannet n'est pas mort ; on m'annonce qu'il est à la porte ; le voilà qui entre : sa figure est un peu pâle, sans être extrêmement défaite. Il me rend compte de ses blessures et des différentes circonstances du combat. Il a reçu trois coups de lance, un au cou, un au dos et le troisième à la poitrine : ce dernier a intéressé le poumon ; il a craché le sang pendant neuf jours, on l'a saigné neuf fois, ses plaies sont presque guéries, mais il lui reste de la gêne dans la respiration et de la toux. Cela ne l'empêche pas de raconter ses prouesses militaires et tous les tours de housard qu'il a faits pendant la campagne. Je ne sais point encore le parti qu'il prendra, je vais le garder quelque temps avec moi.

BOYER.

Le blessé s'installa donc auprès de son oncle, au grand quartier général de l'Empereur. Il fut l'objet des soins les plus éclairés et les plus empressés, aussi sa convalescence marcha-t-elle rapidement.

Osterode, le 29 mars 1807.

Mon cher ami, comme les nouvelles que vous recevez de l'armée sont rarement conformes à la vérité, que souvent même celles qui arrivent par des lettres particulières lui sont absolument contraires, je vais te faire connaître au juste notre situation. Tu pourras juger par là de l'absurdité des bruits qu'on répand et que la malveillance colporte et exagère encore, pour tourmenter l'opinion publique et la diriger vers le but qu'elle se propose.

Après la bataille de Pulstux, dans laquelle l'armée ennemie eût été presqu'entièrement détruite si (comme le disent les gens du métier) le maréchal Davoust eût exécuté les manœuvres convenables, et qu'il était en son pouvoir d'exécuter, l'Empereur fit prendre des quartiers d'hiver à son armée. Il avait lieu de croire que les Russes en feraient de même et resteraient tranquilles jusqu'au printemps. Mais bientôt ils vinrent troubler nos troupes dans leurs cantonnements, et le corps d'armée commandé par le maréchal Bernadotte fut même obligé, à cause de la supériorité du nombre des ennemis, de battre en retraite et d'abandonner la ville où nous sommes actuellement. C'est à cette occasion que l'Empereur fit marcher toute son armée vers la fin de janvier. Aussitôt que l'ennemi en fut instruit, il commença sa retraite. Nous l'atteignîmes, et chaque jour, depuis celui où nous le rencontrâmes jusqu'à la fameuse bataille d'Eylau, on se battit, et dans tous ces combats nous avons toujours eu l'avantage, soit du côté du nombre des tués et des blessés, soit du côté des canons et des drapeaux pris. La bataille d'Eylau, quoiqu'elle n'ait pas été décisive et qu'elle nous ait coûté beaucoup de monde, n'en sera pas moins un monument éternel du génie militaire de notre Empereur et de la valeur de nos soldats. Comment en effet ne regarderait-on pas comme glorieuse une bataille dans laquelle, malgré le nombre double des Russes, l'avantage de leur position et une attaque inattendue, nous avons perdu beaucoup moins de monde qu'eux, nous leur avons pris des canons et des drapeaux et nous sommes restés maîtres du champ de bataille.

L'Empereur me dit, le surlendemain de cette bataille, que si la neige lui eut permis d'observer et de voir les mouvements de ses colonnes et que le corps du maréchal Ney fut arrivé à temps, il aurait pris la moitié de l'armée russe.

Accoutumée à vaincre aisément et à faire vingt ou trente mille prisonniers dans une bataille, notre armée fut étourdie de la résistance des Russes et il en résulta même un peu de découragement ; mais aujourd'hui elle est bien revenue de son étonnement et elle brûle d'ardeur de se mesurer de nouveau avec l'ennemi. Une cause qui a le plus contribué à ce découragement momentané, c'est la pénurie des subsistances. La marche rapide de l'armée et les mauvais chemins n'ont pas permis de faire arriver les vivres, en sorte que les soldats ont vécu de ce qu'ils trouvaient chez les paysans et notamment des pommes de terre, aussi ont-ils donné à la bataille d'Eylau le nom de *Niema-Cleba*, parce que *Cleba*, en polonais, signifie paix et *Niema* il n'y en a pas. On a surtout manqué d'eau-de-vie, et on sait que cette liqueur double le courage des soldats et en donne même à ceux qui en manquent.

Maintenant, l'armée ne manque de rien, elle se renforce chaque jour et tout annonce que la campagne qui va s'ouvrir incessamment sera courte et décisive. On m'avait tant étourdi des fatigues et des horreurs de la guerre que je les ai trouvées beaucoup au-dessous de l'idée que je m'en étais formée, du moins par rapport à moi et à tous ceux qui comme moi ne sont pas militaires. En effet, on ne se fatigue pas beaucoup à voyager dans une voiture bien suspendue, bien fermée et bien approvisionnée; il est vrai qu'on n'a pas toujours un bon lit; mais personne n'est moins difficile que moi pour le coucher. A l'égard des horreurs, je ne vois pas grande différence entre un champ de bataille et un amphithéâtre d'anatomie; aussi, je puis dire, sans affecter une dureté de cœur que je n'ai point, que j'ai parcouru tous les champs de bataille sans éprouver aucune émotion par la vue des corps dont ils étaient couverts, je trouvais toujours au contraire qu'il n'y en avait jamais assez, s'entend des corps des Russes. Tous les hommes ne voient pas les mêmes objets sous le même point de vue, et n'en sont point affectés de la même manière. C'est pourquoi le tableau de notre situation doit être fait différemment suivant l'impression que les événemens de la campagne ont produit sur les différentes personnes qui sont à l'armée. D'ailleurs, il est des hommes qui, pour se faire valoir et se rendre intéressants, ne manquent pas d'exagérer leur position : ils convertissent en disette absolue les privations des mets dont on peut se passer même en temps de paix et à plus forte raison à la guerre; la nécessité de faire dix ou douze lieues par jour dans une voiture et d'avoir quelquefois un mauvais lit, en fatigue excessive et en misère affreuse; la mort inévitable d'un grand nombre de braves et la consommation par nos soldats des vivres destinés aux habitants, en horreur et dévastation.

Quant à moi, mon cher ami, je t'ai dit les choses telles qu'elles sont, que je les ai vues et que je les ai senties. La seule privation que j'éprouve c'est celle de voir ta tante, mes enfants, mon neveu et mes amis ; mais l'espoir d'être bientôt dans leurs bras fortifie mon courage ; d'ailleurs leur santé est bonne, la mienne est parfaite, que puis-je demander davantage à la Providence, à cette Providence qui veille sur les destinées de la France et qui conserve la santé de son héros dans la plus parfaite intégrité ?

Ton frère Jeannet est toujours avec moi, il me charge de te faire ses amitiés, il va mieux. Comme nous allons aller dans un château, à douze lieues d'Osterode, il se rendra à Thorn où il restera jusqu'à nouvel ordre.

Le zèle de Mr Deschamps est très louable, mais il est bien tardif, ce n'est pas à son âge qu'on doit commencer l'enseignement ; au reste c'est un parfait honnête homme, que j'estime beaucoup. S'il venait à vaquer une place de chirurgien consultant dans la maison de l'Empereur, je m'estimerais heureux de pouvoir la lui faire obtenir. J'ai écrit à Mr le comte Diatynski pour lui annoncer que la lettre de change n'a pas été acquittée et l'inviter à m'en faire tenir le montant. Tu m'enverras cette lettre de change la première fois que tu m'écriras. Il paraît que Mlle Joulet était bien pressée de se marier puisqu'elle n'a pas pu, malgré sa dévotion, attendre la fin de son deuil, ni celle du carême; ne serait-ce pas le cas de dire : *Désir de fille est un feu qui dévore*, mais finissons-là. Adieu....

BOYER.

On aura remarqué le passage de cette lettre relative au combat de Pulstuck; le premier chirurgien de l'Empereur rejette sur le maréchal Davoust l'insuccès partiel de ce combat; il faut se rappeler que l'opinion du baron Boyer n'est qu'un écho du quartier général, c'est-à-dire du prince de Neufchâtel, dont tout le monde connaît les sentiments indignes de jalousie à l'égard du maréchal Davoust, le plus illustre des lieutenants de Napoléon.

Vareliaud alla à Thorn pour y continuer à soigner ses blessures; le séjour du grand quartier général lui devenait impossible à cause des changements fréquents de l'Empereur. Mais au moment où notre capitaine commençait à entrevoir la fin de ses souffrances, il fut atteint d'une maladie terrible, une fièvre putride, qui faillit le tuer.

Oliva, 30 avril 1807.

Mon cher ami, ta lettre du 13 avril me fut apportée hier du quartier général par l'aide-de-camp du général Savari; celle du 5 me fut remise, il y a cinq jours, par le prince Sapieha, dans le village de Langerfurt, où je le rencontrai en allant voir les travaux du siége de Dantzig. J'avais appris par le chirurgien principal du 10e corps d'armée, que ce jour là, à 3 heures après midi, on devait cesser le feu de part et d'autre, pour parlementer. Je profitai de cette rémission du combat pour aller voir les retranchements, la première, la deuxième, et la troisième parallèle, les boyaux, les redoutes, les fascines et en général tout ce que le génie militaire a inventé pour tuer les hommes promptement, surement et agréablement. Je suis à Oliva, depuis le 17 du courant, auprès du général Savari, qui vient d'essuyer une fièvre putride maligne. Oliva est un village à deux lieues de Dantzig, sur le bord de la mer Baltique; la maison dans laquelle nous sommes est une espèce de palais tenant à un couvent et appartenant à un prince abbé. Elle est accompagnée d'un jardin anglais et d'un parc délicieux, dans lesquels le prédécesseur du propriétaire actuel a fait les embellissements les plus recherchés. Je me porte très bien à Oliva et je m'y plais beaucoup; cependant j'en partirai demain pour plusieurs raisons: 1° parce que le général Savari est convalescent et n'a plus besoin de moi; 2° parce que je crains que le quartier général ne fasse quelque mouvement et que je veux le suivre; 3° enfin parce qu'il n'est presque plus possible d'y dormir à cause de la canonnade et de la fusillade qu'on entend toute la nuit.....

J'ai reçu hier une lettre de Thorn qui m'annonce que ton frère Jeannet est malade d'une fièvre bilieuse; il est confié aux soins de M. Berlhaud, chirurgien des écuries de l'Empereur, et de M. Bacquet, chirurgien principal d'un corps d'armée, pour lequel je lui avais donné une lettre de recommandation. Je crains bien que la secousse que la santé de ce pauvre capitaine a reçue par ses malheureuses blessures ne se fasse sentir longtemps......

BOYER.

Vareliaud passa tout le mois de mai à Thorn; il s'était remis de sa maladie aiguë, mais le coup de lance au poumon lui avait laissé une grande gêne dans les mouvements du bras et surtout de la respiration. Il pensait à demander un congé pour retourner en France, afin de se rétablir complètement, il croyait alors la paix prochaine; mais lorsque l'Empereur se détermina à continuer la guerre à outrance, il se décida à quitter Thorn et à aller reprendre son poste auprès du général Guyot.

PINCKENSTIN, 6 juin 1807.

. . . .

Ton frère, qui voulait d'abord retourner en France, a changé d'avis d'après les conseils que je lui ai donnés: il est retourné à l'armée......

BOYER.

Je t'écris ce billet le 12 juin, mon cher ami, mais je ne sais d'où le dater, parce que nous sommes au bivac, depuis notre départ de Morunghen. Les deux armées sont en présence, elles prennent position ; on fait des manœuvres, des marches, des contre-marches, et tout annonce une bataille prochaine ; peut-être sera-ce aujourd'hui. Il est cinq heures du matin. Les jours précédents il y a eu des combats dans lesquels nous avons toujours été victorieux. Le général Guyot, dont ton frère Jeannet est aide-de-camp, a été tué. Je n'ai pas le temps de t'en dire davantage aujourd'hui. Je t'embrasse de tout mon cœur.

BOYER.

Le 8 juin 1807, sur le plateau de Kleineufeld, la brigade des hussards fournit plusieurs charges. Dans un de ces chocs, le général Guyot fut tué d'un boulet de canon. Vareliaud perdait en lui un ami et un chef plein de bienveillance; il fut très sensible à cette perte et obtint de rester avec son grade au 9me hussards.

Le 13 juin, dans la matinée, le 9me hussards est envoyé en reconnaissance; il entre dans la ville de Friedland, la dépasse et se trouve tout d'un coup en face de trente escadrons russes, rangés en bataille. Vareliaud, qui marchait en tête de la colonne, signale le danger et fait battre en retraite; mais avant de rentrer dans la ville, le régiment eut à subir plusieurs charges de la cavalerie russe, qui ne dépassa pas les premières maisons de Friedland. Le 9me hussards rejoignit, sans avoir été entamé, le corps du maréchal Lannes, aux environs de Georgenau.

Le 14 juin 1807, le régiment se trouve en ligne

avec les cuirassiers et les dragons. Pendant cette célèbre bataille de Friedland, notre cavalerie combattit glorieusement dans la plaine de Posthenen. Notre vaillant capitaine y donna de beaux coups de sabre et put jouir de la victoire sans avoir été atteint par le fer de l'ennemi. Il était consolé de sa mésaventure de Liebstad.

Le 16 juin, il entrait à Kœnigsberg et, le 25 juin, il se trouvait avec toute l'armée sur les bords du Niémen. Dès que la paix de Tilsitt fut signée, Vareliaud fut envoyé à Kœnigsberg, et c'est de là qu'il obtint un congé de convalescence avec autorisation de retourner en France; son congé est daté du 12 juillet 1807.

La paix de Tilsitt mettait fin aux courses fabuleuses de la Grande Armée. Mais cette fois-ci, notre capitaine ne pouvait plus regretter le repos. Les prévisions de son oncle, relativement à ses blessures, n'étaient malheureusement que trop fondées; il souffrait de sa blessure à la poitrine et une fois rentré dans sa famille il dut se soigner avec les plus grandes précautions. Au mois de janvier 1808, époque de l'expiration de son congé, il dut demander une prolongation et il resta à Paris auprès de son frère. Ses beaux états de service attirèrent sur lui les faveurs impériales, et, à la date du 12 mars 1808, il fut nommé avec son grade au régiment des chasseurs à cheval de la garde impériale. Tout le monde sait ce qu'était cette illustre garde impériale, nos pères considéraient comme un honneur insigne d'y être admis, et ils avaient raison. Vareliaud était digne d'entrer dans ce corps d'élite.

Au mois d'avril, il n'était pas entièrement rétabli et il fut obligé de solliciter une nouvelle prolongation. Voici le certificat qu'il présenta à l'appui de sa demande :

PARIS, 18 avril 1808.

Je, soussigné, premier chirurgien de Sa Majesté l'Empereur et Roi, professeur à l'École de médecine, chirurgien en chef adjoint de l'hôpital de la Charité, certifie que M. Vareliaud, capitaine aide-de-camp de feu le général Guyot, officier de la Légion d'honneur, a été blessé dans la campagne de Pologne de plusieurs coups de pique ou lance de Cosaques, dont un a blessé le poumon; qu'à la suite de ces blessures M. Vareliaud a éprouvé des accidents graves qui l'ont mis en danger; que depuis qu'il est confié à mes soins sa santé s'est rétablie, mais qu'il ne pourra en recouvrer toute la plénitude et se mettre en état de reprendre ses fonctions que par l'usage des eaux de Barèges ou autres analogues; c'est pourquoi j'estime que M. Vareliaud a besoin d'une prolongation de convalescence de quatre mois au moins.

Baron BOYER.

Le sous-inspecteur Tabarié prie les officiers de santé de se rendre au domicile pour constater.

29 avril 1808.

TABARIÉ.

Au mois de septembre 1808, le capitaine Vareliaud rejoignit le régiment des chasseurs à cheval de la garde.

En octobre, il partait pour l'Espagne, et, dans les

premiers jours de novembre, les chasseurs, les lanciers polonais et une division de dragons se trouvaient réunis à Victoria, sous le commandement du général Lasalle.

Le 10 novembre, marchant sur Burgos, cette cavalerie rencontre l'armée espagnole, le maréchal Soult attaque immédiatement; les chasseurs, après avoir franchi l'Alangon, sabrent impitoyablement l'infanterie espagnole débandée. Le 11, le régiment pousse jusqu'à Aranda, ramassant des prisonniers et tuant sans merci les hommes faisant mine de résister.

Le 30 novembre, arrivée au pied de Somo Sierra; dès que les redoutes sont enlevées, la cavalerie de la garde charge les fuyards et en fait un grand carnage.

Le 2 décembre 1808, les chasseurs à cheval arrivent en vue de Madrid; ils sont cantonnés à Chamartin.

Le 21 décembre, la cavalerie de la garde quitte Madrid pour marcher contre l'armée anglaise.

Le 22 décembre, passage du Guadarrama; le 26, les chasseurs, accompagnant l'Empereur, arrivent à Tordesillas; le 29, ils sont devant Benavente.

Le 31 décembre, le général Lefebvre-Desnoettes, à la tête des chasseurs de la garde et des mamelucks, traverse l'Elsa, grossie par les pluies, et attaque les Anglais; mais quatre régiments de cavalerie ennemie, sortis de Benavente, entourent les Français; ceux-ci, tous soldats d'élite, n'hésitent pas et chargent vigoureusement; ils percent la ligne anglaise et repassent la rivière à la nage. Vareliaud, habitué à ces sortes d'aventures, revint sain et sauf avec une partie des siens : *métier de canard*, disait-il. Le régiment des chasseurs de la garde perdit cinquante hommes tués, blessés ou faits prisonniers; parmi ces derniers se trouvait leur chef, le général Lefebvre-Desnoettes.

Le 2 janvier 1809, à Astorga, le 5, à Valladolid, notre capitaine s'y repose. Il trouve que l'Espagne est un bon pays, le vin y est excellent et les dames aimables; mais, d'après lui, l'Allemagne vaut mieux : il prétendait que chez ces bons peuples Allemands on pouvait plumer la poule sans la faire crier.

Le 17 janvier 1809, les chasseurs quittent Valladolid pour rentrer en France.

Pendant ce voyage de retour, notre capitaine obtint l'autorisation de quitter la route d'étapes et d'aller visiter sa famille. Il alla à Uzerche, où il passa un jour. Arrivé dans la soirée, il descendit chez son cousin, M. Chaslin. Au souper, il goûta un petit vin blanc, tiré des vignobles qui croissent sur les coteaux de la Vézère; ce vin flatta agréablement son palais.

« As-tu beaucoup de ce vin? demanda-t-il au cousin.

— Non, mon ami, je n'en ai que quelques bouteilles, mais, à la cave, il y a une feuillette que je vais faire tirer, si tu veux?

— Inutile, reprit le chasseur de la garde, fais monter le baril. »

On monte la feuillette, on la place sur deux

chaises dans la salle à manger, et notre capitaine, en compagnie d'un officier de son régiment, passe une partie de la nuit à table. Le lendemain, lorsque Vareliaud se mit en selle, la feuillette était vide.

Vareliaud passa les mois de février et mars à Paris; il habitait chez son frère, logé dans une des ailes de l'hôtel du baron Boyer, rue de Grenelle-Saint-Germain, n° 9.

Un jour, deux de ses cousines, notre mère et une de ses sœurs, montèrent dans la chambre du chasseur pour admirer le riche uniforme de la cavalerie de la garde impériale. La valise de l'officier était ouverte et ces jeunes filles furent très surprises d'y voir des bijoux de femme, boucles d'oreilles, bagues, feronnières, etc., et un très beau corsage de satin rose :

« Où avez-vous pris toutes ces belles choses, s'écrièrent les jeunes personnes, vous les rapportez d'Espagne?

— Laissez tout cela, dit le capitaine un peu confus, ce sont des dames espagnoles qui m'ont donné ces souvenirs. »

Il est probable que notre héros avait conservé quelques habitudes de hussard.

Les chasseurs de la garde rejoignirent la Grande Armée au mois d'avril 1809. Vareliaud commandait la 8e compagnie faisant partie du 4e escadron.

En mai, la garde est à Vienne; le 22 du même mois, la cavalerie de la garde passe les ponts du Danube et, rangée en ligne pendant la bataille d'Essling, supporte sans sourciller le feu terrible de l'artillerie autrichienne.

Les chasseurs passent le mois de juin à Vienne, mais le 6 juillet 1809 a lieu la bataille de Wagram. La cavalerie de la garde charge pour soutenir le corps de Macdonald. Les chasseurs débandent l'infanterie autrichienne près du village de Sussenbrün et font de nombreux prisonniers. Vareliaud reçoit quatre coups de baïonnette, blessures heureusement légères (1).

Le 12 juillet, les chasseurs sont de retour à Schoenbrün et peu de temps après à Paris.

L'année 1810 se passe dans les délices de la garnison. Le 6 décembre, Vareliaud est nommé major de cavalerie, et, à la date du 6 janvier 1812, il est affecté, avec ce grade, au 10me régiment de hussards. Ce régiment faisait partie de la brigade du général Briche, du corps de Montbrun, employée à l'armée d'Espagne. Vareliaud rejoignit son régiment au moment où ce corps venant d'Alicante arrivait sur le Tage. Il assista à la bataille de Salamanque, pendant laquelle la cavalerie française tint la gauche de l'armée près des Arapiles. Le lendemain l'armée fit sa jonction avec celle du roi Joseph.

Notre major fut rappelé en France avec quelques

(1) Les états des services portent qu'il reçut dans cette journée quinze coups de lance, c'est une erreur inutile; Vareliaud n'avoue que quatre coups de baïonnette, nous croyons qu'il vaut mieux s'en tenir à son dire.

cadres dans les derniers jours de 1812, et le 8 février 1813 il passait avec son grade au 6me régiment de hussards, commandé par le prince de Carignan.

Notre armée avait disparu en Russie, il fallait reconstituer tous les corps, et notre major devait être un officier précieux pour inculquer l'esprit militaire à tous ces jeunes conscrits qui remplissaient les vides produits dans les régiments par cette horrible campagne du Nord. C'est avec le 6me hussards que Vareliaud fit la campagne de Saxe dans le 3e division de réserve du 1er corps de cavalerie; il se distingua à Lutzen et y fut blessé légèrement; il assista à plusieurs engagements de moindre importance. Mais l'ancien officier du 9me hussards et des chasseurs à cheval de la garde ne retrouvait plus dans sa main ces hardis cavaliers qu'il avait si souvent conduits à l'ennemi.

Le 10 octobre 1813, par décret daté de Duben, Vareliaud fut nommé adjudant-commandant, puis colonel, et désigné pour remplir les fonctions de chef d'état-major de la 6me division de cavalerie légère du 3me corps de cavalerie, à la date du 29 novembre 1813.

Le 31 janvier 1814, il est employé au dépôt central de la cavalerie, à Versailles.

Le 16 mars, il est nommé chef d'état-major au 2me corps de cavalerie. Il assiste et prend une part glorieuse aux derniers efforts de son Empereur.

Par ordonnance royale du 14 septembre 1814, il est nommé chevalier de l'ordre royal et militaire de Saint-Louis. Il désirait de l'emploi, et en le sollicitant il fournit le certificat de ses services qui suit :

Services, campagnes, blessures et actions d'éclat du sieur J.-B. Vareliaud, adjudant-commandant, officier de la Légion d'honneur, chevalier de l'ordre royal et militaire de Saint-Louis.

Cet officier a fait avec distinction les campagnes des années 1793, 2, 3, 4, 5, 6, 7, 8, 9, 12, 13, 14, 1806, 1807, 1808, 1809, 1810, 1812, 1813, 1814.

Il a été blessé le 10 nivôse an II, 7 floréal an II, 7 fructidor an IV, 15 floréal an VIII, 23 frimaire an IX, 2 mars 1807, 6 juillet 1809 (15 coups de lance), 2 mai 1813.

M. Vareliaud est breveté d'un sabre d'honneur. Au service depuis plus de 25 ans, et porteur de titres qui justifient de sa bravoure et qui font connaître avec quelle distinction il a fait la guerre ; il s'est trouvé dans toutes les affaires qui ont honoré le 9me régiment de hussards, dans toutes il a été cité avantageusement, et il n'a pas peu contribué à la réputation que son régiment a acquise ; sa conduite comme aide-de-camp du général Guyot lui a valu l'admission, avec son grade, aux chasseurs à cheval de la garde : ses services aux chasseurs à cheval ont attiré sur lui l'attention de MM. les généraux Guyot et Lefebvre-Desnoettes, qui ont sollicité pour lui des dotations et autres faveurs ; des nominations aux grades de major et d'adjudant-commandant sont un témoignage de ses bons services, et enfin il a rempli avec infiniment de zèle les fonctions de chef d'état-major de la 2me division de cavalerie légère du 2me corps.

Il attend maintenant à Paris une nouvelle destination.

Paris, 8 décembre 1814.

Le Sous-Inspecteur aux Revues,
MALUS.

Vareliaud avait pour protecteur le comte Lefebvre-Desnoettes, général de division, colonel commandant les chasseurs à cheval de la garde, et le baron Guyot, général de brigade, colonel commandant en second le même régiment. Il ne faut pas confondre ce général Guyot avec celui qui commandait la brigade de cavalerie légère du 4me corps en 1806 et 1807, et qui fut tué au combat de Kleinenfeld.

Le colonel Vareliaud resta sans emploi pendant la première Restauration. Dès que Napoléon eut débarqué en 1815, notre ancien hussard se décida à suivre la fortune du Grand homme et il demanda à être employé activement. Il aurait bien voulu sabrer, mais il céda aux instances de son ancien camarade des chasseurs de la garde, le général Daumesnil.

En date du 31 mai 1815, le colonel Vareliaud fut nommé commandant en second de la place de Vincennes. *Viens avec moi*, lui dit Daumesnil, *et si les Prussiens approchent, nous leur couperons la figure.*

Il est certain qu'on ne pouvait pas confier la garde de cette forteresse importante à des chefs plus vigoureux. Vareliaud ne devait plus tirer le sabre du fourreau.

Malgré son haut grade, il avait conservé certaines habitudes de hussard. Un jour, ayant été obligé de se rendre à cheval de Vincennes à l'état-major de la place, il était accompagné par un cavalier d'escorte. Suivant une rue de Paris et avisant un marchand de vin, il se retourne vers son cavalier et lui crie :

« As-tu soif ?

— Non, mon colonel, répond timidement le soldat.

— Eh ! bien, moi, je crève. »

Et aussitôt il met pied à terre, entre chez le marchand de vin et trinque avec son cavalier.

On connaît les événements militaires de 1815. Daumesnil et Vareliaud ne coupèrent la figure à personne.

A la seconde Restauration, le colonel Vareliaud partagea le sort de ses compagnons d'armes, il fut mis en demi-solde, et, le 9 février 1822, il prit sa pension de retraite. Ses derniers états de services portent qu'il a fait toutes les campagnes de 1792 à 1815, relatant ses actions d'éclat et accusant 22 blessures reçues par lui dans différentes affaires.

Il avait épousé, le 23 mai 1818, avec permission du Ministre de la Guerre, demoiselle Hippolyte-Élisabeth-Thérèse Didier, née le 21 juin 1798, à Parcy-Tigny, département de l'Aisne. Il n'y eut de ce mariage qu'une fille, Clémentine, que nous avons connue, et qui est morte sans alliance.

La retraite du colonel Vareliaud fut fixée à 2,400 francs; il alla vivre à Uzerche, menant un genre de vie fort modeste et venant de temps en temps à Paris voir son oncle et son frère. Le colonel Vareliaud était petit de taille, avait le visage coloré; sa démarche était un peu lourde et son corps trop fort pour sa taille. D'un caractère timide dans la société, il se faisait remarquer par une grande réserve et redoutait les réunions nombreuses. Il vécut doucement avec sa compagne et mourut à Uzerche, le 6 juin 1824. Sa veuve jouit d'une pension de 600 francs, représentant le quart du montant de la retraite de son mari.

Nous avons raconté brièvement la vie militaire de Jean-Baptiste Vareliaud et nous espérons avoir prouvé que ce hussard n'est pas un mythe.

Notre héros est mort trois ans seulement après le grand capitaine qui l'avait si souvent conduit à la victoire, et certainement dans un monde meilleur le Grand homme du siècle doit être entouré de tous ces illustres et héroïques guerriers qui l'ont accompagné sur tous les champs de bataille, d'un bout à l'autre de l'Europe.

S'il nous était permis de jeter un coup d'œil d'admiration sur cette nombreuse et glorieuse assemblée, nous reconnaîtrions certainement, au milieu de ces nobles martyrs de la guerre, la bonne et douce figure de notre hussard du 9me régiment.

Non recedet memoria ejus.

Le portrait du colonel Vareliaud qui se trouve en tête de cette notice est la reproduction d'un crayon qui est conservé dans la famille.

ÉTAT DES SERVICES.

VARELIAUD (Jean-Baptiste), né le 10 mai 1771, à Uzerche (Limousin), fils de Léonard et de dame M. Lavaud.

DÉSIGNATION des différents corps où il a servi et notice des interruptions.	GRADES successivement obtenus.	ÉPOQUE.	DURÉE du service.	OBSERVATIONS.
Engagé volontaire au 56me régiment d'infanterie.	Soldat.	19 mars 1792.		Actions d'éclat et blessures. *(Très détaillées et circonstanciées. Nous les supprimons, les ayant détaillées dans la notice biographique).*
Passé au 9me régiment de hussards.	Hussard.	30 novemb. 1792.		
Idem.	Brigadier.	15 février 1793.		
Idem.	Maréchal des logis.	28 fructid. an II.		Breveté d'un sabre d'honneur, 14 pluviôse an XI.
Idem.	Maréchal des logis chef.	10 messidor an IV.		
Idem.	Adjudant sous-officier.	1er brumaire an V.	26 ans 3 mois 11 jours.	Chevalier de la Légion d'honneur, 14 juillet 1804.
Idem.	Sous-lieutenant en remplac. de M. Biard, passé lieutenant.	1er vendémiaire an VIII.		Officier de la Légion d'honneur, 15 décembre 1805.
Idem.	Lieutenant en remplac. de M. Raynold, pensionné.	6 germinal an XIII.		Proposé pour une dotation et pour les trois Toisons d'or.
Passé aide-de-camp du général Guyot.	Idem.	30 septemb. 1806.		
Idem.	Capitaine.	6 janvier 1807.		22 blessures.
Passé dans les chasseurs à cheval de la garde.	Idem.	12 mars 1808.		

DÉSIGNATION des différents corps où il a servi et notice des interruptions.	GRADES successivement obtenus.	ÉPOQUE.	DURÉE du service.	OBSERVATIONS.
Passé dans les chasseurs à cheval de la garde.	Major de cavalerie.	6 décembre 1811.		Chevalier de l'ordre royal et militaire de Saint-Louis. Septembre 1814.
Passé au 10me régiment de hussards.	Idem.	6 janvier 1812.		
Passé au 6me régiment de hussards par ordre de S. E. le Ministre de la guerre.	Idem.	8 février 1813.		
Chef d'état major de la 6me division de cavalerie légère (3me corps de cavalerie).	Adjudant commandant.	10 octobre 1813.		
	Idem.	29 novemb. 1813.		
Employé au dépôt central de la cavalerie à Versailles.	Colonel.	31 janvier 1814.	»	
Ordre de se rendre au 2me corps de cavalerie.	Idem.	16 mars 1814.		
Nommé commandant en second de la place de Vincennes.	Idem comm^{t} en second.	31 mai 1815.		
Est inscrit sur la liste et a joui de la demi-solde jusqu'au	Idem.	1er juillet 1818.		
A continué de recevoir la 1/2 solde de son grade jusqu'au	Idem.	9 février 1822.	Époque où il a atteint les 30 années de service.	

Certifié véritable :

Paris, le 19 mars 1822.

Le Sous-Inspecteur aux Revues.

Signé : Illisible.

RELEVÉ DES CAMPAGNES.

CAMPAGNES.	ANS.	MOIS.	JOURS.
Du 21 avril 1792 au 22 septembre 1801. Blessé dans cette campagne l'an IX.	9	5	1
Ans XII et XIII, armée de réserve sur les côtes,.. p^e moitié.	1	»	»
De vendémiaire an XIV et restant de l'an XIV.	1	2	10
1806, 1807, 1808, 1809.	4	»	»
1810, 1811, jusqu'au 6 décembre.	1	11	6
Du 1er juin 1812, 1813 et 1814 au 30 mai.	2	»	»
1815. Du 1er mai au 20 novembre.	»	6	20
TOTAL des campagnes.	20	1	17
Services.	30	1	17

Le Vice-Président du Conseil d'État,
Signé : DUVAL.

18 Décembre 1821.

Auch. — Imprimerie COCHARAUX Frères, rue de Lorraine.

www.ingramcontent.com/pod-product-compliance
Ingram Content Group UK Ltd.
Pitfield, Milton Keynes, MK11 3LW, UK
UKHW021515260726
13993UKWH00004B/1681